보랏빛소 워크북 시리즈

초등 입학 전 미리 공부하는

또박또박 한글 떼기 5

사이시옷, 자음 첨가, 받침이 두 개인 글자, 예사말과 높임말

5~7세

퍼플카우콘텐츠팀 글 | 이우일 그림 | 장희윤 감수

보랏빛소 어린이 Borabit Cow

머리말

"또박또박 따라 쓰며 한글을 떼요!"

어린이 여러분! 반가워요. 이 책은 또박또박 따라 쓰면서 저절로 한글과 친해지고 공부할 수 있도록 도와주는 여러분의 친구랍니다. 지금부터 이 친구의 특징을 소개할게요.

손으로 따라 쓰기만 해도 공부가 돼요!

이 책은 '쓰기'를 통해 한글을 뗄 수 있도록 도와줍니다. 그냥 눈으로 읽는 것도 좋지만, 눈과 입으로 소리 내어 읽은 뒤, 내 손으로 직접 한 글자 한 글자 꾹꾹 눌러 쓸 때 비로소 진짜 내 것으로 만들 수 있거든요.

매일매일 하루 10분이면 충분해요!

한꺼번에 무리해서 공부하려고 하지 마세요. 배움의 기쁨이 사라질 수도 있어요. 재미있게 공부하기 위해서는 매일 2쪽씩, 하루 10분이면 충분하답니다. 대신 그날의 정해진 분량을 꼼꼼하게 공부하기로 약속!

차근차근 단계별로 익힐 수 있어요!

이 책은 총 5권으로 이루어져 있어요. 한글을 처음 접하는 3~4세 친구들을 위한 자음과 모음부터, 초등 입학을 준비하는 5~7세 친구들이 꼭 알아야 할 단어와 문장을 20단계에 걸쳐 나누어 담았답니다. 쉬운 부분부터 어려운 부분에 이르기까지 차근차근 난이도를 높여가며 공부하면 금세 한글을 뗄 수 있어요.

한글 맞춤법 공부도 할 수 있어요!

앞으로 학교에 다니게 되면 한글 맞춤법이 정말 중요해질 거예요. 그런데 어린이뿐만 아니라 어른들에게도 한글 맞춤법은 어렵고 복잡하답니다. 하지만 이 책으로 또박또박 따라 쓰며 한글을 공부하다 보면 어려운 맞춤법과 띄어쓰기도 저절로 익히게 될 거예요.

엄마와 함께 한글을 공부해요!

단계가 끝날 때마다 평가 페이지가 있어요. 혼자서 풀어 보고 엄마와 함께 정답을 확인해 보세요. 2~5권의 맨 뒷장에는 받아쓰기 코너가 마련되어 있어요. 국어 선생님이 골라 주신 초등 교과서 속 문장을 엄마가 불러 주고 아이가 받아쓰면서 배운 것을 잘 이해했는지 점검해 보세요.

또박또박 쓰다 보면 글씨체도 예뻐져요!

이 책이 시키는 대로, 바른 자세와 바른 마음으로 글씨를 써 보세요. 그저 한글 공부를 하고 있을 뿐인데 어느새 예쁜 글씨체까지 덤으로 얻게 될 거예요.

자, 그럼 지금부터 한글 뗄 준비 되었나요? 《초등 입학 전 미리 공부하는 또박또박 한글 떼기》(전5권)와 함께 신나는 한글의 세계로 떠나 보세요!

이 책의 구성

20단계 프로그램으로 한글의 원리가 쏙쏙!

1권

0단계	한글과 친해지기	자음과 모음을 만나요.

2권

1단계	자음과 모음	자음과 모음의 발음자를 익혀요.
2단계	받침이 없는 쉬운 글자	쉬운 자음과 모음이 합쳐진 글자를 배워요.
3단계	받침이 없는 어려운 글자	어려운 모음 'ㅟ, ㅖ, ㅞ' 등을 구별해요.
4단계	받침이 있는 쉬운 글자	쉬운 받침이 있는 글자를 배워요.
5단계	받침이 있는 어려운 글자	받침과 어려운 모음이 있는 글자를 배워요.

3권

6단계	같은 자음이 겹치는 겹글자	같은 자음이 겹쳐서 이루어진 글자를 배워요.
7단계	받침이 뒤로 넘어가는 글자	앞의 받침이 뒤에 오는 글자의 첫소리로 넘어가요.
8단계	된소리가 나는 글자	앞의 받침 때문에 뒷글자에서 된소리가 나요.
9단계	소리나 모양을 흉내 낸 글자	소리나 모양을 흉내 낸 글자를 익혀요.
10단계	틀리기 쉬운 글자	'이'와 '히'로 끝나는 틀리기 쉬운 글자를 익혀요.

4권

11단계	구개음으로 바뀌는 글자	앞의 받침 때문에 구개음으로 바뀌어요.
12단계	거센소리가 나는 글자	앞의 받침 때문에 뒷글자에서 거센소리가 나요.
13단계	받침의 표기와 소리가 다른 글자	받침을 적을 때와 발음할 때가 달라요.
14단계	자음의 발음이 닮아가는 글자	앞글자의 받침과 뒷글자의 첫소리가 서로 닮아가요.
15단계	발음이 같아서 헷갈리는 글자	발음은 같은데 쓰는 법은 다른 글자를 익혀요.

5권

16단계	사이시옷을 붙이는 글자 1	사이시옷을 붙이는 글자를 익혀요.
17단계	사이시옷을 붙이는 글자 2	사이시옷을 붙이는 글자를 익혀요.
18단계	자음이 첨가되는 글자	음이 첨가되어 소리가 바뀌는 글자를 배워요.
19단계	받침이 두 개인 어려운 글자	받침 두 개가 겹치는 글자를 배워요.
20단계	예사말과 높임말	밥과 진지가 어떻게 다른지 알아봐요.

학습 효과가 뛰어난 단계별 평가와 교과서 속 받아쓰기 문장 수록!

낱말 쓰기

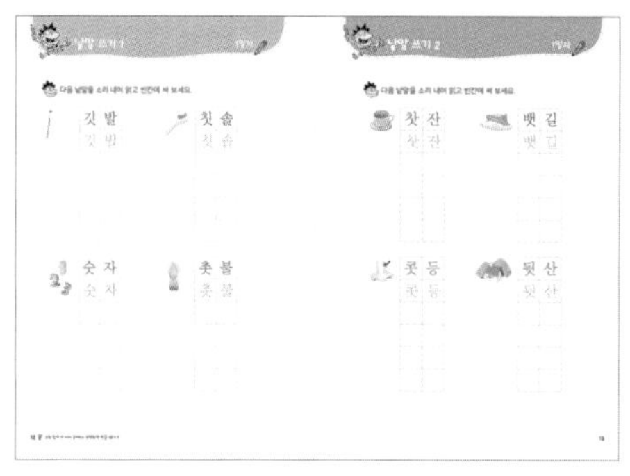

같은 원리를 가진 낱말끼리 모아 여러 번 읽고 따라 쓰다 보면 자연스럽게 그 원리도 깨치게 될 겁니다. 그림을 통해 의미를 파악할 수 있으며, 아직 글씨 쓰기에 익숙하지 않은 아이도 혼자서 또박또박 글씨 쓰는 연습을 할 수 있습니다.

어구와 문장 쓰기

각 단계에서 배운 낱말들을 어구 또는 문장으로 만들어 따라 쓰기 연습을 할 수 있습니다. 두 개 이상의 낱말을 비교하면서 차이를 확인할 수 있고 띄어쓰기도 자연스럽게 익히도록 구성하였습니다.

단계별 평가

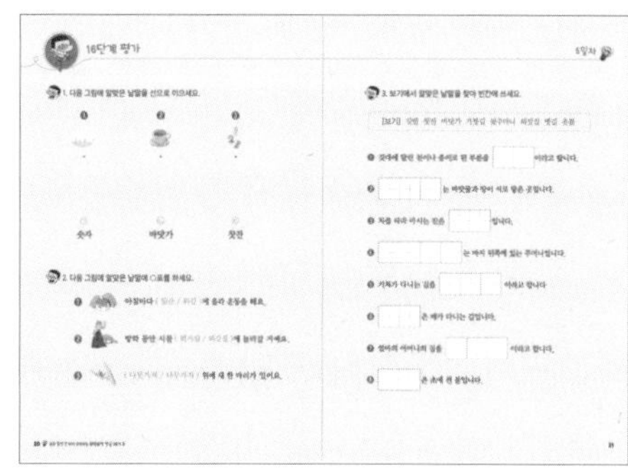

각 단계마다 '평가'를 수록하였습니다. 앞에서 배운 낱말의 의미와 맞춤법을 제대로 익혔는지 확인할 수 있습니다. 잘못 쓴 글자를 보면서 고치는 문제를 수록하여 각 단계가 끝날 때마다 배운 내용을 확실히 복습할 수 있게 도와줍니다.

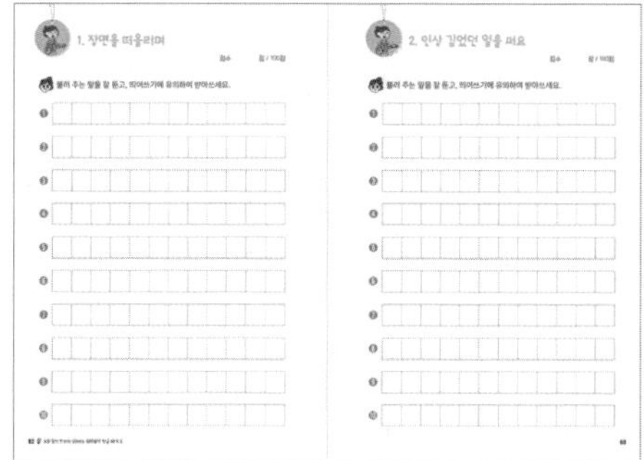

교과서 따라잡기

최신 개정 교과서에 나오는 출제 빈도가 높은 문장을 중심으로 받아쓰기 문제를 수록하였습니다. 부모님이 직접 문제를 불러 주세요. 초등학교 입학 전에는 예습용으로 사용하고, 입학 후에는 아이가 국어 교과서의 낱말과 문장을 잘 받아쓸 수 있는지 확인할 수 있습니다.

차례

16단계 사이시옷을 붙이는 글자 1

17단계 사이시옷을 붙이는 글자 2

18단계 자음이 첨가되는 글자

19단계 받침이 두 개인 어려운 글자

20단계 예사말과 높임말

자, 불러 주는 말을 받아쓰세요.
뒷산에 올라 촛불을 켜고 깃발을 들었다.
뒤싼? 뒷산!
초뿔? 촛불!
기빨? 깃발!

16단계
사이시옷을 붙이는 글자 1

'촛불'과 '뒷산'의 공통점은 무엇일까요?
'촛불=초+불', '뒷산=뒤+산'이 만나
한 낱말이 되었지요. 이렇게 될 때 낱말 사이에
'시옷(ㅅ)'이 들어가는 경우가 있어요.
16단계에서는 낱말 사이에 들어가는
사이시옷에 대해 알아볼게요.

소리의 변화 - 사이시옷

우리말에는 글자와 글자를 합하여 한 단어를 만들 때 발음을 위해 사이시옷(ㅅ)을 붙일 때가 있습니다.

- 앞글자가 모음+뒷글자의 첫소리가 된소리로 발음될 때
- 뒷글자의 첫소리가 'ㄴ, ㅁ'일 때 앞글자에 'ㄴ'을 덧붙여 발음할 때
- 앞글자의 받침으로 'ㄴ', 뒷글자의 첫소리로 'ㄴ'을 덧붙여 발음할 때

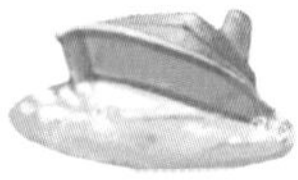

배길 [밷낄]

'배'와 '길'을 합하면 뒷글자의 첫소리 'ㄱ'이 된소리 'ㄲ'이 돼요.

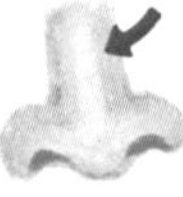

콧등 [콛뜽]

'코'와 '등'을 합하면 뒷글자의 첫소리 'ㄷ'이 된소리 'ㄸ'이 돼요.

깃발 [긷빨]

'기'와 '발'을 합하면 뒷글자의 첫소리 'ㅂ'이 된소리 'ㅃ'이 돼요.

옛날 [옌날]

'예'와 '날'을 합하면 앞글자에 'ㄴ' 소리가 덧나요.

빗물 [빈물]

'비'와 '물'을 합하면 앞글자에 'ㄴ' 소리가 덧나요.

수돗물 [수돈물]

'수도'와 '물'을 합하면 앞글자에 'ㄴ' 소리가 덧나요.

깻잎 [깬닙]

'깨'와 '잎'을 합하면 앞말과 뒷말에 'ㄴ' 소리를 두 번 붙여요.

숫양 [순냥]

'수'와 '양'을 합하면 앞말과 뒷말에 'ㄴ' 소리를 두 번 붙여요.

윗입술 [윈닙술]

'위'와 '입술'을 합하면 앞말과 뒷말에 'ㄴ' 소리를 두 번 붙여요.

낱말 쓰기 1

다음 낱말을 소리 내어 읽고 빈칸에 써 보세요.

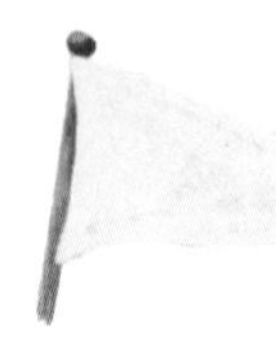

깃	발
깃	발

칫	솔
칫	솔

숫	자
숫	자

촛	불
촛	불

낱말 쓰기 2

1일차

 다음 낱말을 소리 내어 읽고 빈칸에 써 보세요.

찻	잔
찻	잔

뱃	길
뱃	길

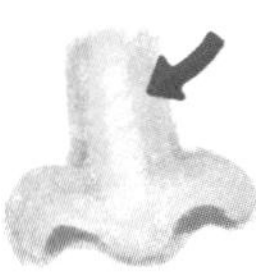

콧	등
콧	등

뒷	산
뒷	산

낱말 쓰기 3

2일차

 다음 낱말을 소리 내어 읽고 빈칸에 써 보세요.

바	닷	가
바	닷	가

외	갓	집
외	갓	집

장	밋	빛
장	밋	빛

나	뭇	가	지
나	뭇	가	지

낱말 쓰기 4

2일차

다음 낱말을 소리 내어 읽고 빈칸에 써 보세요.

기	찻	길
기	찻	길

어	젯	밤
어	젯	밤

전	봇	대
전	봇	대

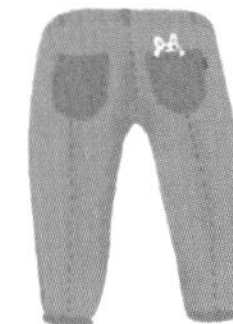

뒷	주	머	니
뒷	주	머	니

다음 글을 소리 내어 읽고 빈칸에 써 보세요.

깃	발	이		펄	럭	이	다	.
깃	발	이		펄	럭	이	다	.

샛	길	로		빠	지	다	.
샛	길	로		빠	지	다	.

촛	불	을		켜	다	.
촛	불	을		켜	다	.

어구와 문장 쓰기 2

3일차

다음 글을 소리 내어 읽고 빈칸에 써 보세요.

탁	자		위	의		찻	잔
탁	자		위	의		찻	잔

이	마	와		콧	등
이	마	와		콧	등

냇	가	에	서		빨	래	를		한	다	.
냇	가	에	서		빨	래	를		한	다	.

어구와 문장 쓰기 3

4일차

다음 글을 소리 내어 읽고 빈칸에 써 보세요.

장	밋	빛		인	생
장	밋	빛		인	생

부	잣	집	에	서		태	어	나	다	.
부	잣	집	에	서		태	어	나	다	.

전	봇	대	처	럼		키	가		크	다	.
전	봇	대	처	럼		키	가		크	다	.

어구와 문장 쓰기 4

4일차

다음 글을 소리 내어 읽고 빈칸에 써 보세요.

나	뭇	가	지	가		부	러	지	다	.
나	뭇	가	지	가		부	러	지	다	.

기	찻	길		옆		오	막	살	이
기	찻	길		옆		오	막	살	이

빗	방	울	이		떨	어	지	다	.
빗	방	울	이		떨	어	지	다	.

16단계 평가

 1. 다음 그림에 알맞은 낱말을 선으로 이으세요.

❶  

❷ 

❸ 

㉠ 숫자

㉡ 바닷가

㉢ 찻잔

 2. 다음 그림에 알맞은 낱말에 ○표를 하세요.

❶  아침마다 (뒷산 / 뒤산)에 올라 운동을 해요.

❷  방학 동안 시골 (외가집 / 외갓집)에 놀러갈 거예요.

❸  (나뭇가지 / 나무가지) 위에 새 한 마리가 있어요.

3. 보기에서 알맞은 낱말을 찾아 빈칸에 쓰세요.

[보기] 깃발 찻잔 바닷가 기찻길 뒷주머니 외갓집 뱃길 촛불

❶ 깃대에 달린 천이나 종이로 된 부분을 [ ] 이라고 합니다.

❷ [ ] 는 바닷물과 땅이 서로 닿은 곳입니다.

❸ 차를 따라 마시는 잔은 [ ] 입니다.

❹ [ ] 는 바지 뒤쪽에 있는 주머니입니다.

❺ 기차가 다니는 길을 [ ] 이라고 합니다

❻ [ ] 은 배가 다니는 길입니다.

❼ 엄마의 어머니의 집을 [ ] 이라고 합니다.

❽ [ ] 은 초에 켠 불입니다.

16단계 평가

4. 문제를 읽고 알맞은 낱말을 찾아 빈칸에 바르게 옮겨 쓰세요.

❶ 수를 나타내는 글자는 무엇인가요?
① 숫자　② 수자

❷ 이를 닦는 데 쓰는 솔은 무엇인가요?
① 치솔　② 칫솔

❸ 집의 뒤쪽에 있는 산은 무엇인가요?
① 뒷산　② 뒤산

❹ 장미와 같은 빛깔은 무엇인가요?
① 장밋빛　② 장미빛

❺ 재물이 많아 살림이 넉넉한 집을 무엇이라고 할까요 ?
① 부자집　② 부잣집

❻ 비가 되어 떨어지는 물방울은 무엇인가요?
① 빗방울　② 비방울

❼ 전선을 떠받치고 있는 기둥은 무엇인가요?
① 전봇대　② 전보대

❽ 바로 앞날의 밤은 무엇인가요?
① 어제밤　② 어젯밤

5. 왼쪽 ☐ 안의 틀린 글자를 찾아, 오른쪽 빈칸에 바르게 쓰세요.

틀린 글자 찾기	바르게 고쳐 쓰기
❶ 기발이 바람에 날리다.	☐☐이 바람에 날리다.
❷ 파도가 밀려오는 바다가	파도가 밀려오는 ☐☐☐
❸ 코등에 땀방울이 송송	☐☐에 땀방울이 송송
❹ 장미빛 인생	☐☐☐ 인생
❺ 부러진 나무가지	부러진 ☐☐☐☐
❻ 초불을 켜다.	☐☐을 켜다.
❼ 탁자 위의 차잔	탁자 위의 ☐☐
❽ 전보대처럼 키가 크다.	☐☐☐처럼 키가 크다.

자, 불러 주는
말을 받아
쓰세요!
빗물을 맞고
다녔더니
콧물이 나왔다.
빗물?
빈물?
빗물!
코물?
콘물?
콧물!
우산을 썼으면
콧물이 안 났을
텐데. 쯧쯧…

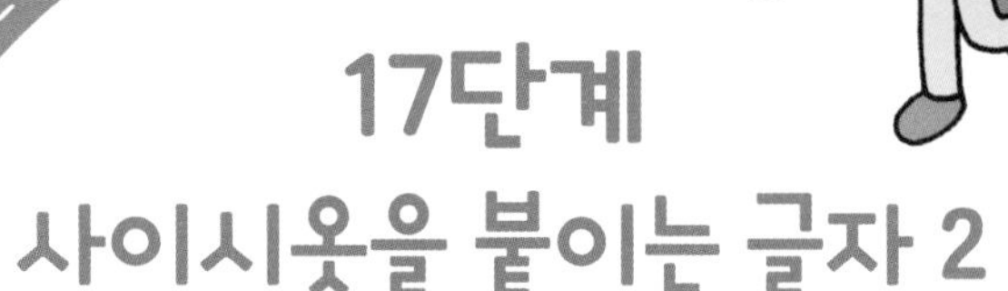

17단계
사이시옷을 붙이는 글자 2

'비+물'이 만나 '빗물',
'깨+잎'이 만나 '깻잎'이 되었어요.
그런데 빗물은 시옷 받침이 'ㄴ'으로 바뀌어
[빈물]로 발음되고, 깻잎은 앞글자 받침과
뒷글자의 첫소리가 'ㄴ'으로 변해
[깬닙]으로 발음돼요.
어려운 사이시옷,
한 번 더 공부해 볼까요?

낱말 쓰기 1

6일차

다음 낱말을 소리 내어 읽고 빈칸에 써 보세요.

빗	물
빗	물

콧	물
콧	물

윗	니
윗	니

아	랫	니
아	랫	니

낱말 쓰기 2

6일차

다음 낱말을 소리 내어 읽고 빈칸에 써 보세요.

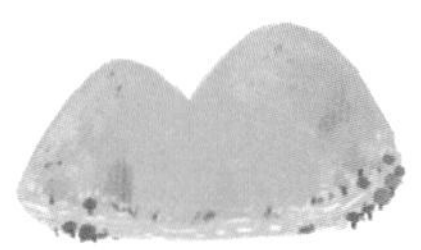

냇	물
냇	물

옛	날
옛	날

뱃	놀	이
뱃	놀	이

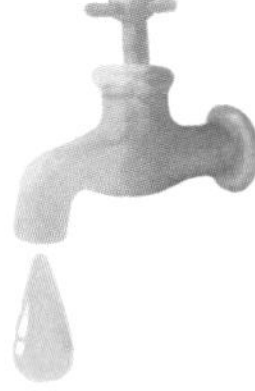

수	돗	물
수	돗	물

낱말 쓰기 3

7일차

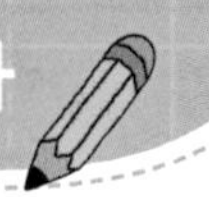

다음 낱말을 소리 내어 읽고 빈칸에 써 보세요.

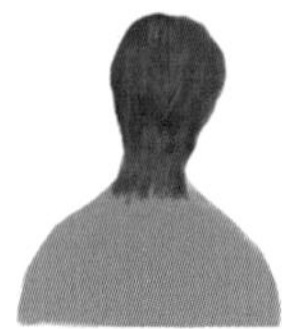

뒷	머	리
뒷	머	리

뒷	마	당
뒷	마	당

세	숫	물
세	숫	물

콧	노	래
콧	노	래

낱말 쓰기 4

7일차

 다음 낱말을 소리 내어 읽고 빈칸에 써 보세요.

깻	잎
깻	잎

나	뭇	잎
나	뭇	잎

고	춧	잎
고	춧	잎

배	춧	잎
배	춧	잎

낱말 쓰기 5

8일차

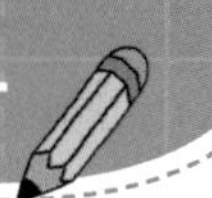

다음 낱말을 소리 내어 읽고 빈칸에 써 보세요.

숫	양
숫	양

뱃	일
뱃	일

윗	입	술
윗	입	술

아	랫	입	술
아	랫	입	술

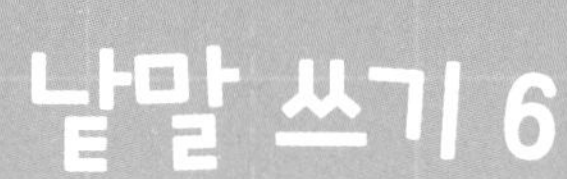

다음 낱말을 소리 내어 읽고 빈칸에 써 보세요.

베	갯	잇
베	갯	잇

댓	잎
댓	잎

윗	잇	몸
윗	잇	몸

아	랫	잇	몸
아	랫	잇	몸

어구와 문장 쓰기 1

9일차

다음 낱말을 소리 내어 읽고 빈칸에 써 보세요.

빗	물	이		쪼	르	륵
빗	물	이		쪼	르	륵

오	뚝	한		콧	날
오	뚝	한		콧	날

아	주		먼		옛	날
아	주		먼		옛	날

어구와 문장 쓰기 2

다음 낱말을 소리 내어 읽고 빈칸에 써 보세요.

혼	잣	말	을		하	다	.
혼	잣	말	을		하	다	.

뒷	머	리	를		짧	게		잘	라
뒷	머	리	를		짧	게		잘	라

콧	노	래	를		부	르	며
콧	노	래	를		부	르	며

어구와 문장 쓰기 3

10일차

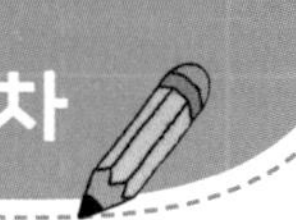

다음 낱말을 소리 내어 읽고 빈칸에 써 보세요.

뒷	일	을		부	탁	해	.
뒷	일	을		부	탁	해	.

싱	싱	한		배	춧	잎
싱	싱	한		배	춧	잎

아	랫	입	술	을		깨	물	었	다	.
아	랫	입	술	을		깨	물	었	다	.

어구와 문장 쓰기 4

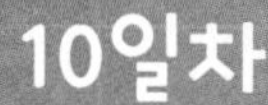

다음 낱말을 소리 내어 읽고 빈칸에 써 보세요.

베	갯	잇	을		갈	다	.
베	갯	잇	을		갈	다	.

옛	일	이		생	각	났	다	.
옛	일	이		생	각	났	다	.

윗	잇	몸	이		아	프	다	.
윗	잇	몸	이		아	프	다	.

17단계 평가

1. 다음 그림에 알맞은 낱말을 선으로 이으세요.

❶ 

❷ 

❸ 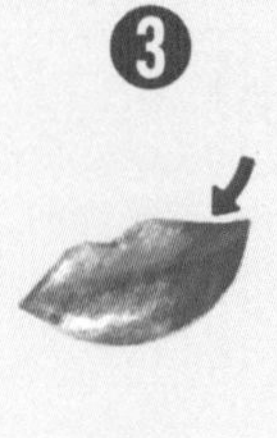

㉠ 나뭇잎

㉡ 윗입술

㉢ 빗물

2. 다음 그림에 알맞은 낱말에 ○표를 하세요.

❶  (아랫니 / 아래니)에 충치가 생겼다.

❷ 미장원에서 (뒤머리 / 뒷머리)를 잘랐어요.

❸ 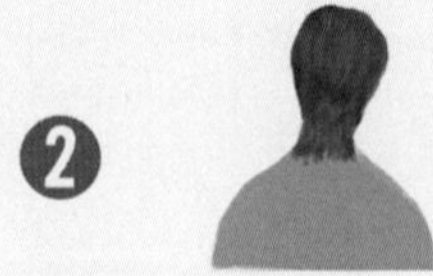 (베개잇 / 베갯잇)에 수를 놓다.

3. 보기에서 알맞은 낱말을 찾아 빈칸에 쓰세요.

[보기] 뒷머리 빗물 숫양 콧노래 배춧잎 나뭇잎 뱃일 옛일

❶ ☐☐은 비가 와서 고이거나 모인 물입니다.

❷ 양의 수컷을 ☐☐이라고 합니다.

❸ ☐☐☐는 머리의 뒤쪽에 난 머리털입니다.

❹ 배추와 잎을 결합하여 ☐☐☐이라고 씁니다.

❺ ☐☐☐는 입을 다문 채 코로 소리를 내어 부르는 노래입니다.

❻ 배에서 하는 일을 ☐☐이라고 합니다.

❼ ☐☐☐은 나무의 잎입니다.

❽ 지나간 과거의 일을 ☐☐이라고 합니다.

17단계 평가

4. 문제를 읽고 알맞은 낱말을 찾아 빈칸에 바르게 옮겨 쓰세요.

❶ 윗잇몸에 난 이는 무엇인가요?
① 위니　② 윗니

❷ 깨의 잎은 무엇인가요?
① 깻잎　② 깨잎

❸ 콧구멍에서 흘러나오는 물은 무엇인가요?
① 콧물　② 코물

❹ 내에 흐르는 물은 무엇인가요?
① 내물　② 냇물

❺ 세수하는 데 쓰는 물은 무엇인가요?
① 세수물　② 세숫물

❻ 고추의 잎은 무엇인가요?
① 고춧잎　② 고추잎

❼ 집채 뒤의 마당이나 뜰은 무엇인가요?
① 뒷마당　② 뒤마당

❽ 아래쪽 잇몸은 무엇인가요?
① 아래잇몸　② 아랫잇몸

5. 왼쪽 □ 안의 틀린 글자를 찾아, 오른쪽 빈칸에 바르게 쓰세요.

틀린 글자 찾기	바르게 고쳐 쓰기
❶ 오뚝한 코날	오뚝한 □□
❷ 코노래를 부르며	□□□를 부르며
❸ 아주 먼 옌날	아주 먼 □□
❹ 세수물이 담겨 있다.	□□□이 담겨 있다.
❺ 싱싱한 배추잎	싱싱한 □□□
❻ 위입술을 깨무는 버릇.	□□□을 깨무는 버릇.
❼ 아래입술을 깨물었다.	□□□□을 깨물었다.
❽ 뒤마당에서 혼자말을	□□□에서 □□□을

다음 단어들을
주의해서
읽어 보세요!
담요, 눈약, 솜이불
내복약, 색연필,
식용유
담뇨,
눈냑,
솜니불.
내봉냑,
생년필,
시공뉴.
아, 왜
발음대로만
쓰면 안 되는지
알겠 같아요!

18단계
자음이 첨가되는 글자

담요는 [담뇨], 눈약은 [눈냑]으로 읽어요.
앞글자에 받침이 있고, 뒷글자의 첫소리가
'이, 야, 여, 요, 유'인 경우 'ㄴ'이나 'ㄹ'을
넣어서 발음해요. 소리나는 대로 쓰면
안 되는 글자들이니 주의해야 해요.

소리의 변화 - 자음 첨가

두 개의 낱말이 만나 하나의 낱말을 이룰 때 원꼴과는 관계없는 음이 첨가되어 소리가 바뀌는 자음 첨가 현상이 나타나는 경우가 있습니다. 앞글자에 받침이 있고, 뒷글자의 첫소리가 '이, 야, 여, 요, 유'일 때, 뒷글자에 'ㄴ'이나 'ㄹ'을 넣어 발음합니다.

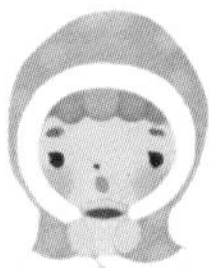

담요 [담뇨]

받침이 있는 앞글자 + 뒷글자 '요'에 'ㄴ' 소리를 넣어서 발음해요.

눈약 [눈냑]

받침이 있는 앞글자 + 뒷글자 '야'에 'ㄴ' 소리를 넣어서 발음해요.

내복약 [내복냑]

받침이 있는 앞글자 + 뒷글자 '야'에 'ㄴ' 소리를 넣어서 발음해요.

콩엿 [콩녇]

받침이 있는 앞글자 + 뒷글자 '여'에 'ㄴ' 소리를 넣어서 발음해요.

한여름 [한녀름]

받침이 있는 앞글자 + 뒷글자 '여'에 'ㄴ' 소리를 넣어서 발음해요.

서울역 [서울력]

'ㄹ' 받침이 있는 앞글자 + 뒷글자 '여'에 'ㄹ' 소리를 넣어서 발음해요.

솔잎 [솔립]

'ㄹ' 받침이 있는 앞글자 + 뒷글자 '이'에 'ㄹ' 소리를 넣어서 발음해요.

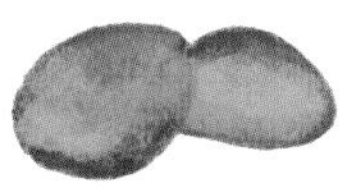

돌이끼 [돌리끼]

'ㄹ' 받침이 있는 앞글자 + 뒷글자 '이'에 'ㄹ' 소리를 넣어서 발음해요.

볼일 [볼릴]

'ㄹ' 받침이 있는 앞글자 + 뒷글자 '이'에 'ㄹ' 소리를 넣어서 발음해요.

낱말 쓰기 1

12일차

다음 낱말을 소리 내어 읽고 빈칸에 써 보세요.

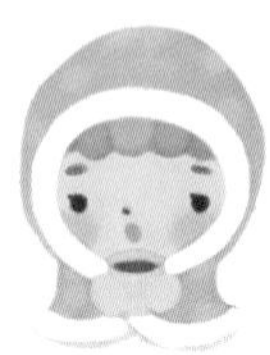

담	요
담	요

눈	약
눈	약

꽃	잎
꽃	잎

솜	이	불
솜	이	불

낱말 쓰기 2

다음 낱말을 소리 내어 읽고 빈칸에 써 보세요.

내	복	약
내	복	약

콩	엿
콩	엿

색	연	필
색	연	필

식	용	유
식	용	유

낱말 쓰기 3

13일차

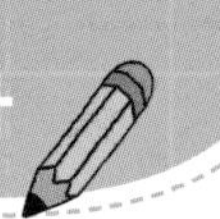

 다음 낱말을 소리 내어 읽고 빈칸에 써 보세요.

떡	잎
떡	잎

단	풍	잎
단	풍	잎

한	여	름
한	여	름

태	평	양
태	평	양

 다음 낱말을 소리 내어 읽고 빈칸에 써 보세요.

알	약
알	약

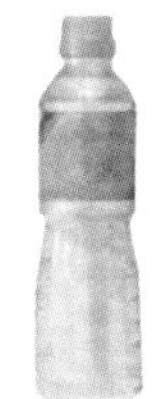

물	엿
물	엿

서	울	역
서	울	역

휘	발	유
휘	발	유

낱말 쓰기 5

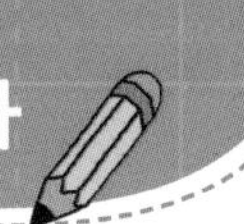

다음 낱말을 소리 내어 읽고 빈칸에 써 보세요.

솔	잎
솔	잎

올	여	름
올	여	름

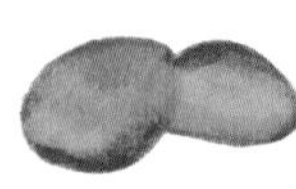

돌	이	끼
돌	이	끼

일	일	이
일	일	이

낱말 쓰기 6

14일차

다음 낱말을 소리 내어 읽고 빈칸에 써 보세요.

볼	일
볼	일

열	여	섯
열	여	섯

더	운		여	름
더	운		여	름

어구와 문장 쓰기 1

15일차

다음 낱말을 소리 내어 읽고 빈칸에 써 보세요.

담	요	를		덮	다	.
담	요	를		덮	다	.

나	도		한	입	만		줘	.
나	도		한	입	만		줘	.

진	달	래		꽃	잎
진	달	래		꽃	잎

어구와 문장 쓰기 2

다음 낱말을 소리 내어 읽고 빈칸에 써 보세요.

감	잎	으	로		만	든		차
감	잎	으	로		만	든		차

빨	간	색		색	연	필
빨	간	색		색	연	필

식	용	유	를		두	르	다	.
식	용	유	를		두	르	다	.

어구와 문장 쓰기 3

16일차

다음 낱말을 소리 내어 읽고 빈칸에 써 보세요.

집	안	일	을		하	다	.
집	안	일	을		하	다	.

화	려	하	게		물	든		단	풍	잎
화	려	하	게		물	든		단	풍	잎

한	여	름		더	위	에		지	쳐
한	여	름		더	위	에		지	쳐

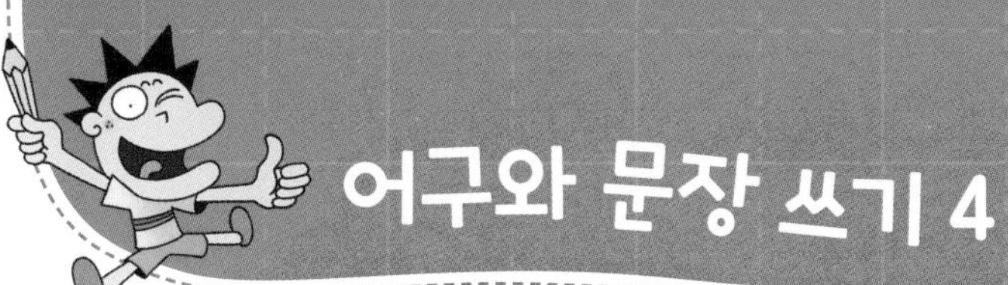

어구와 문장 쓰기 4

16일차

다음 낱말을 소리 내어 읽고 빈칸에 써 보세요.

가	랑	잎	이		솔	잎	더	러
가	랑	잎	이		솔	잎	더	러

물	엿	을		굳	히	다	.
물	엿	을		굳	히	다	.

전	철	역	과		가	까	운
전	철	역	과		가	까	운

어구와 문장 쓰기 5

17일차

다음 낱말을 소리 내어 읽고 빈칸에 써 보세요.

일	일	이		손	으	로
일	일	이		손	으	로

올	여	름	에		유	행	할		옷
올	여	름	에		유	행	할		옷

바	위	에		붙	은		돌	이	끼
바	위	에		붙	은		돌	이	끼

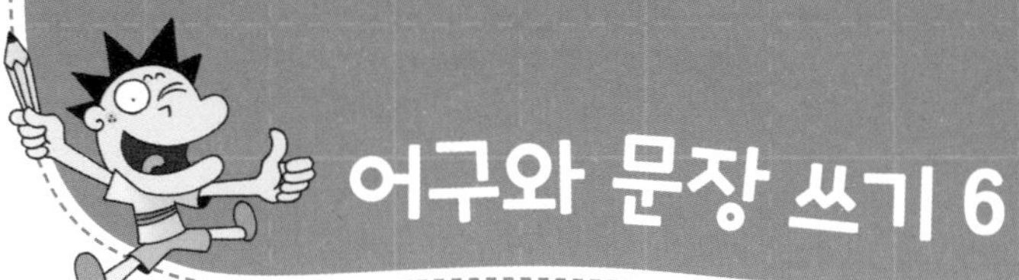

어구와 문장 쓰기 6

17일차

다음 낱말을 소리 내어 읽고 빈칸에 써 보세요.

무	더	운		여	름
무	더	운		여	름

나	는		열	여	섯		살	이	다	.
나	는		열	여	섯		살	이	다	.

예	쁜		여	자	를		봤	어	.
예	쁜		여	자	를		봤	어	.

18단계 평가

1. 다음 그림에 알맞은 낱말을 선으로 이으세요.

❶ 

❷  

❸  

㉠ 꽃잎

㉡ 물엿

㉢ 떡잎

2. 다음 그림에 알맞은 낱말에 ○표를 하세요.

❶  빨간색 (색년필 / 색연필)로 동그라미를 그려요.

❷  먼저 팬에 (식용유 / 식용뉴)를 두른다.

❸  약통에서 (알약 / 알략) 세 개를 꺼냈다.

3. 보기에서 알맞은 낱말을 찾아 빈칸에 쓰세요.

[보기] 내복약 올여름 콩엿 돌이끼 알약 꽃잎 휘발유 담요

❶ 먹어서 병을 치료하도록 제조한 약을 [　　　] 이라고 합니다.

❷ [　　] 은 볶은 콩을 섞어 만든 엿입니다.

❸ 올해의 여름은 [　　　] 입니다.

❹ 봉숭아 [　　] 을 곱게 빻아 손톱에 올려 놓았다.

❺ 돌이나 바위에 난 이끼를 [　　　] 라고 합니다

❻ [　　] 은 약을 뭉쳐서 작고 둥글게 만든 것입니다.

❼ 털 같은 것으로 두껍게 만든 요를 [　　] 라고 합니다.

❽ [　　　] 는 자동차나 비행기의 연료로 쓰입니다.

18단계 평가

4. 문제를 읽고 알맞은 낱말을 찾아 빈칸에 바르게 옮겨 쓰세요.

❶ 눈병을 치료하는 데 쓰는 약은 무엇인가요?
① 눈약 ② 눈냑

❷ 소나무의 잎은 무엇인가요?
① 솔잎 ② 솔닢

❸ 아주 묽게 곤 엿은 무엇인가요?
① 물녓 ② 물엿

❹ 보통 때와 다른 특별한 일은 무엇인가요?
① 별릴 ② 별일

❺ "될성부른 나무는 ○○부터 알아본다."에 알맞은 말은 무엇인가요?
① 떡잎 ② 떡닢

❻ 여름 중에 한참 더운 시기는 무엇인가요?
① 한녀름 ② 한여름

❼ 열다섯에 하나를 더한 수는 무엇인가요?
① 열녀섯 ② 열여섯

❽ 솜을 안에 넣어서 두툼하게 만든 이불은 무엇인가요?
① 솜이불 ② 솜니불

5. 왼쪽 □ 안의 틀린 글자를 찾아, 오른쪽 빈칸에 바르게 쓰세요.

틀린 글자 찾기	바르게 고쳐 쓰기
❶ 나도 [한][닙]만 줘.	나도 [ ][ ]만 줘.
❷ [식][용][뉴]를 두른 팬에	[ ][ ][ ]를 두른 팬에
❸ 휴일에도 [집][안][닐]을 하느라	휴일에도 [ ][ ][ ]을 하느라
❹ [눈][냑]과 [알][략]	[ ][ ]과 [ ][ ]
❺ [한][녀][름] 밤의 꿈	[ ][ ][ ] 밤의 꿈
❻ [휘][발][류] 값이 오른다.	[ ][ ][ ] 값이 오른다.
❼ 자전거로 [전][철][력]까지	자전거로 [ ][ ][ ]까지
❽ [올][려][름]에는 [별][릴]이 없다.	[ ][ ][ ]에는 [ ][ ]이 없다.

다음은 받침이
두개인 낱말들이에요.
모양이 재미있죠?
앉다 짧다 밝다
닭 값 흙
재밌긴요!
받침 한 개도
어려운데 두 개를
외워야 하다니!
눈팅아,
그냥 따라
쓰다 보면
외워져!

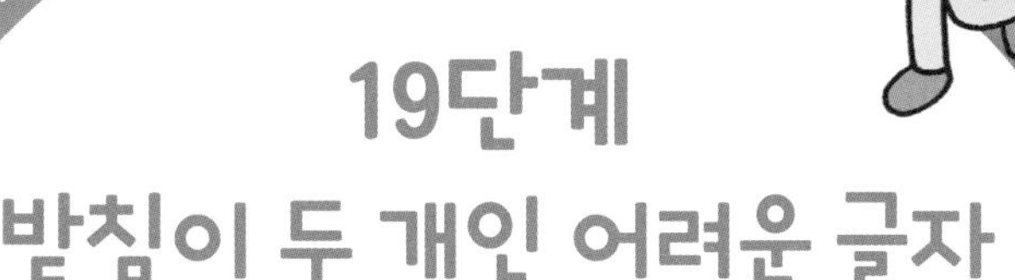

'앉다'와 '삶다'의 공통점은 무엇일까요?
두 단어 모두 받침이 두 개인 겹받침을 사용했지요.
이때 '앉다[안따]'의 겹받침(ㄴ ㅈ)은
앞의 받침 'ㄴ'으로 발음이 되고
'삶다[삼따]'의 겹받침(ㄹ ㅁ)은
뒤의 받침인 'ㅁ'으로 발음이 됩니다.
겹받침은 어려워 보이지만
발음 규칙을 익히면 쉬워질 거예요.

낱말 쓰기 1

19일차

다음 낱말을 소리 내어 읽고 빈칸에 써 보세요.

몫

몫

값

값

품삯

품삯

앉다

앉다

낱말 쓰기 2

 다음 낱말을 소리 내어 읽고 빈칸에 써 보세요.

엎	다
엎	다

앉	은	키
앉	은	키

얇	다
얇	다

짧	다
짧	다

낱말 쓰기 3

20일차

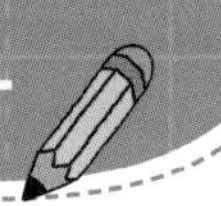

 다음 낱말을 소리 내어 읽고 빈칸에 써 보세요.

여	덟
여	덟

핥	기
핥	기

힘	없	다
힘	없	다

가	엾	다
가	엾	다

낱말 쓰기 4

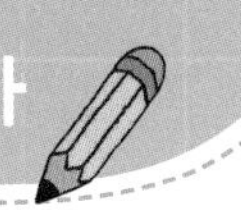

다음 낱말을 소리 내어 읽고 빈칸에 써 보세요.

닭
닭

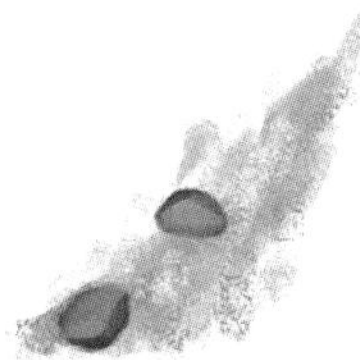

흙
흙

늙	다
늙	다

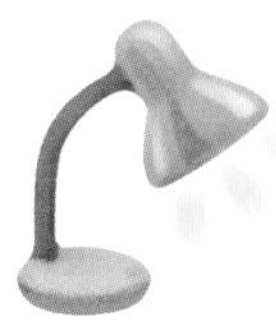

밝	다
밝	다

낱말 쓰기 5

다음 낱말을 소리 내어 읽고 빈칸에 써 보세요.

삶	다
삶	다

젊	다
젊	다

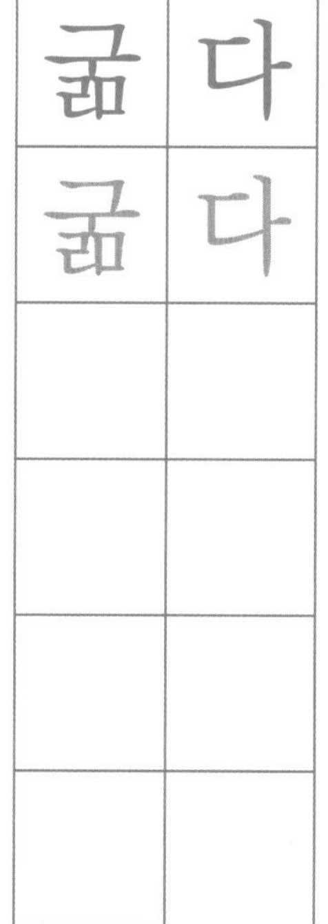

굶	다
굶	다

읊	다
읊	다

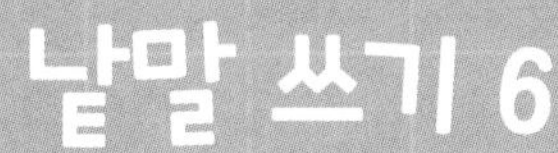

 다음 낱말을 소리 내어 읽고 빈칸에 써 보세요.

끓	다
끓	다

싫	다
싫	다

괜	찮	아
괜	찮	아

배	앓	이
배	앓	이

어구와 문장 쓰기 1

22일차

다음 낱말을 소리 내어 읽고 빈칸에 써 보세요.

값	나	가	는		물	건
값	나	가	는		물	건

품	삯	이		후	하	다	.
품	삯	이		후	하	다	.

얇	고		짧	은		옷	차	림
얇	고		짧	은		옷	차	림

어구와 문장 쓰기 2

22일차

다음 낱말을 소리 내어 읽고 빈칸에 써 보세요.

수	박		겉	핥	기
수	박		겉	핥	기

내		몫	이		없	다	.
내		몫	이		없	다	.

가	엾	은		아	이	들
가	엾	은		아	이	들

어구와 문장 쓰기 3

23일차

다음 낱말을 소리 내어 읽고 빈칸에 써 보세요.

소		닭		보	듯
소		닭		보	듯

산	기	슭	에	서		풀	을		뜯	는
산	기	슭	에	서		풀	을		뜯	는

늙	은		호	박	을		삶	다	.
늙	은		호	박	을		삶	다	.

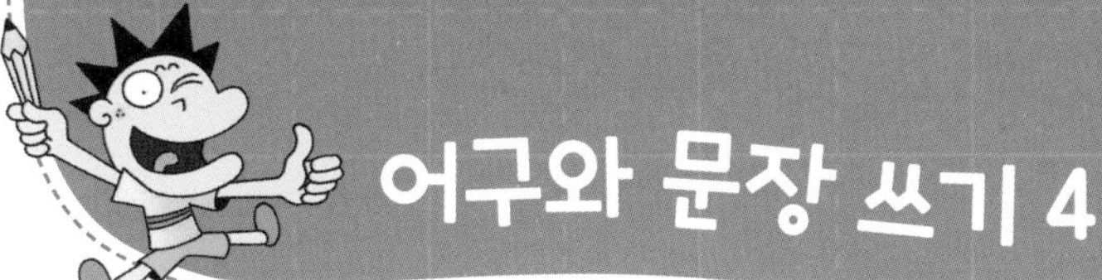

어구와 문장 쓰기 4

23일차

다음 낱말을 소리 내어 읽고 빈칸에 써 보세요.

굶	기	를		밥		먹	듯
굶	기	를		밥		먹	듯

귀	찮	게		굴	지		마	.
귀	찮	게		굴	지		마	.

잡	티		없	이		맑	은		얼	굴
잡	티		없	이		맑	은		얼	굴

19단계 평가

 1. 다음 그림에 알맞은 낱말을 선으로 이으세요.

❶	❷	❸
	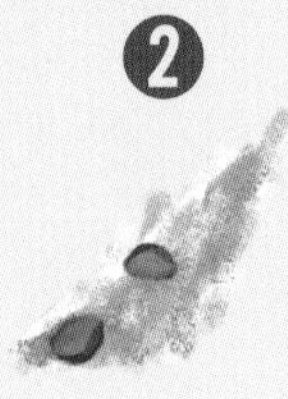	
㉠ 닭	㉡ 여덟	㉢ 흙

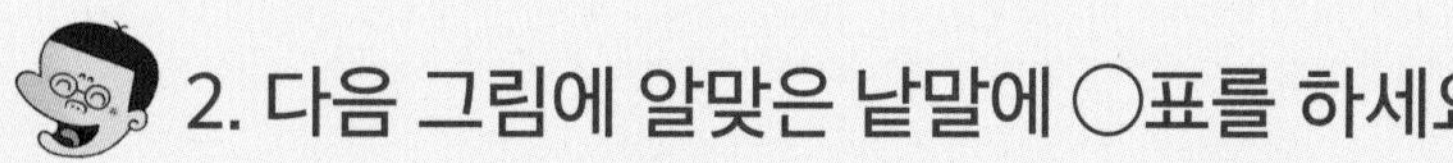

2. 다음 그림에 알맞은 낱말에 ○표를 하세요.

❶  옛날에는 일한 (품삭 / 품삯)으로 쌀을 받았답니다.

❷   나무 아래 (가엾은 / 가엽은) 강아지 한 마리가 있습니다.

❸   냄비에 라면이 (끓고 / 끌고) 있다.

3. 보기에서 알맞은 낱말을 찾아 빈칸에 쓰세요.

[보기] 닭 여덟 흙 몫 늙다 가엾다 앉은키 값

❶ ☐ 은 가루 형태로, 식물을 자라게 하는 양분과 수분을 포함합니다.

❷ 일곱에 하나를 더한 수는 ☐☐ 입니다.

❸ ☐ 잡아먹고 오리발 내밀기.

❹ 여럿으로 나누어진 각 부분을 ☐ 이라고 합니다.

❺ ☐☐☐ 는 딱하고 불쌍하다는 뜻입니다.

❻ 나이를 많이 먹는 것을 ☐☐ 라고 합니다.

❼ 모든 물건의 ☐ 이 오르기 시작했습니다.

❽ ☐☐☐ 는 의자에 앉았을 때 의자의 바닥에서 머리끝까지의 높이입니다.

19단계 평가

4. 문제를 읽고 알맞은 낱말을 찾아 빈칸에 바르게 옮겨 쓰세요.

❶ '어둡다'의 반대말은 무엇인가요?
① 발다 ② 밝다

❷ '늙다'의 반대말은 무엇인가요?
① 젊다 ② 점다

❸ "수박 겉 ○○"에 알맞은 말은 무엇인가요?
① 핥기 ② 할기

❹ 물속에 넣고 끓이는 것은 무엇인가요?
① 삼다 ② 삶다

❺ '서다'의 반대말은 무엇인가요?
① 안다 ② 앉다

❻ 어떤 물건 위에 다른 물건을 올려놓는 것은 무엇인가요?
① 얹다 ② 언다

❼ 두께가 보통보다 작은 것은 무엇인가요?
① 얍다 ② 얇다

❽ 배를 앓는 병은 무엇인가요?
① 배앓이 ② 배알이

5. 왼쪽 □ 안의 틀린 글자를 찾아, 오른쪽 빈칸에 바르게 쓰세요.

틀린 글자 찾기	바르게 고쳐 쓰기
❶ [갑]나가는 물건	[ ]나가는 물건
❷ [늘근] 호박을 [삼다].	[ ][ ] 호박을 [ ][ ].
❸ 내 [목]이 [업다].	내 [ ]이 [ ][ ].
❹ [귀찬게] 굴지 마.	[ ][ ][ ] 굴지 마.
❺ 잡티 [업이] [말근] 얼굴	잡티 [ ][ ] [ ][ ] 얼굴
❻ [가엽슨] 새 한 마리	[ ][ ][ ] 새 한 마리
❼ 복잡해서 길을 [일기] 쉽다.	복잡해서 길을 [ ][ ] 쉽다.
❽ 창문을 열어도 [괜찬을]까요?	창문을 열어도 [ ][ ][ ]까요?

높임말을
잘 쓰는 어린이는
착한 어린이
입니다.
서보라 선생님,
생신 축하 드려요!
오늘은
선생님 말씀
잘 듣겠습니다!
하핫!
눈팅아,
선물은 높이지
않아도 된단다!
'선물님'을
'사시러'
다녀오겠
습니다!

20단계
예사말과 높임말

우리말에는 사람이나 사물을 높여서 이르는 높임말이 있어요. 어른들에게는 높임말을 쓰지요. 친구에게는 “밥 먹어.”, 할머니께는 “진지 드세요.”라고 합니다. 높임말을 쓰면 어른을 공경하는 마음을 표현할 수 있어요.

낱말 쓰기 1

25일차

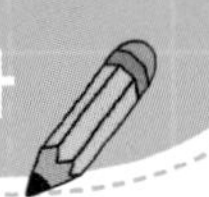

 다음 낱말을 소리 내어 읽고 빈칸에 써 보세요.

댁
댁

말	씀
말	씀

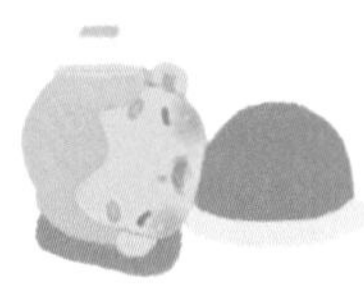

병	환
병	환

성	함
성	함

낱말 쓰기 2

 다음 낱말을 소리 내어 읽고 빈칸에 써 보세요.

따	님
따	님

생	신
생	신

진	지
진	지

연	세
연	세

낱말 쓰기 3

26일차

 다음 낱말을 소리 내어 읽고 빈칸에 써 보세요.

계	시	다
계	시	다

드	리	다
드	리	다

보	시	다
보	시	다

잡	수	시	다
잡	수	시	다

낱말 쓰기 4

26일차

다음 낱말을 소리 내어 읽고 빈칸에 써 보세요.

모	시	다
모	시	다

여	쭙	다
여	쭙	다

오	시	다
오	시	다

주	무	시	다
주	무	시	다

어구와 문장 쓰기 1

27일차

다음 낱말을 소리 내어 읽고 빈칸에 써 보세요.

선	생	님		댁	에		갔	다	.
선	생	님		댁	에		갔	다	.

말	씀	을		듣	고
말	씀	을		듣	고

성	함	을		써		주	세	요	.
성	함	을		써		주	세	요	.

다음 낱말을 소리 내어 읽고 빈칸에 써 보세요.

따	님	과		아	드	님
따	님	과		아	드	님

생	신		선	물	을		샀	다	.
생	신		선	물	을		샀	다	.

연	세	가		높	으	셔	서
연	세	가		높	으	셔	서

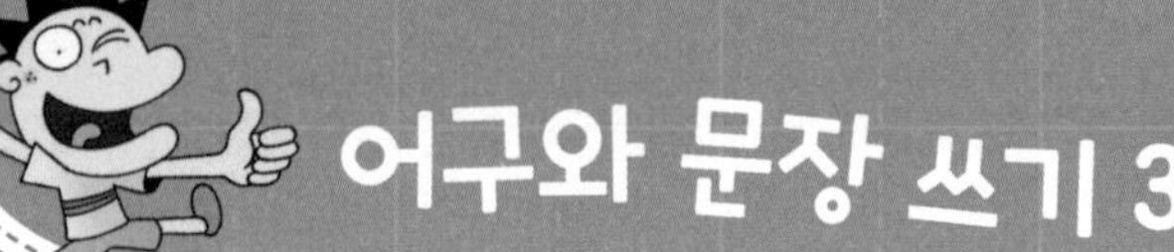

어구와 문장 쓰기 3

28일차

다음 낱말을 소리 내어 읽고 빈칸에 써 보세요.

침	대	에		누	워		계	셨	다	.
침	대	에		누	워		계	셨	다	.

인	사	를		드	렸	다	.
인	사	를		드	렸	다	.

진	지	를		잡	수	세	요	.
진	지	를		잡	수	세	요	.

어구와 문장 쓰기 4

28일차

다음 낱말을 소리 내어 읽고 빈칸에 써 보세요.

큰	아	버	지	께	서		오	셨	다	.
큰	아	버	지	께	서		오	셨	다	.

할	머	니	를		모	시	고
할	머	니	를		모	시	고

낮	잠	을		주	무	십	니	다	.
낮	잠	을		주	무	십	니	다	.

20단계 평가

1. 다음 그림에 알맞은 낱말을 선으로 이으세요.

❶ 

❷ 

❸ 

㉠ 드리다

㉡ 진지

㉢ 생신

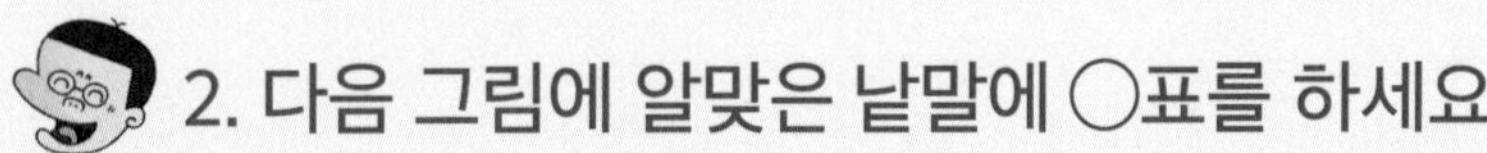

2. 다음 그림에 알맞은 낱말에 ○표를 하세요.

❶ 옆집 아저씨께서 (병환 / 병)에 걸리셨다.

❷ 선생님 (집 / 댁)에 초대를 받았어요.

❸  할머니가 방에서 (자고 / 주무시고) 계세요.

3. 보기에서 알맞은 낱말을 찾아 빈칸에 쓰세요.

[보기] 연세 따님 성함 생신 말씀 오시다 아드님 보시다

❶ 어른에게 이름을 물을 때는 ☐☐ 이라고 높여 말합니다.

❷ ☐☐ 은 생일을 높여 이르는 말입니다.

❸ 어른의 나이를 높여 말할 때는 ☐☐ 라고 합니다.

❹ ☐☐ 은 상대방의 딸을 높여 부르는 말입니다.

❺ '오다'의 높임말은 ☐☐☐ 입니다.

❻ ☐☐ 은 상대방의 말을 높여 이르는 말입니다.

❼ '보다'의 높임말은 ☐☐☐ 입니다.

❽ ☐☐☐ 은 상대방의 아들을 높여 부르는 말입니다.

20단계 평가

4. 문제를 읽고 알맞은 낱말을 찾아 빈칸에 바르게 옮겨 쓰세요.

❶ 남의 집을 높여 이르는 말은 무엇인가요?
① 댁 ② 댁네

❷ 병을 높여 이르는 말은 무엇인가요?
① 간병 ② 병환

❸ 끼니로 먹는 음식을 높여 이르는 말은 무엇인가요?
① 진지 ② 식사

❹ '주다'의 높임말은 무엇인가요?
① 주리다 ② 드리다

❺ '묻다'의 높임말은 무엇인가요?
① 여쭙다 ② 묻시다

❻ "할머니는 안방에 ○○○○."에 알맞은 말은 무엇인가요?
① 있습니다 ② 계십니다

❼ '자다'의 높임말은 무엇인가요?
① 주무시다 ② 자시다

❽ '먹다'의 높임말은 무엇인가요?
① 먹시다 ② 잡수시다

5. 왼쪽 ☐ 안의 틀린 글자를 찾아, 오른쪽 빈칸에 바르게 쓰세요.

틀린 글자 찾기	바르게 고쳐 쓰기
❶ 선생님 [집]에 갔다.	선생님 [ ]에 갔다.
❷ 의사 선생님이 [말]하시길	의사 선생님이 [ ][ ]하시길
❸ 할머니 [생일] 선물로	할머니 [ ][ ] 선물로
❹ 할아버지 진지 [먹으세요].	할아버지 진지 [ ][ ][ ][ ].
❺ 올해 [나이]가 몇이십니까?	올해 [ ][ ]가 몇이십니까?
❻ 선생님이 지금 안 [있습니다].	선생님이 지금 안 [ ][ ][ ][ ].
❼ [아들님]이 의젓하네요.	[ ][ ][ ]이 의젓하네요.
❽ 할아버지께서 [자십니다].	할아버지께서 [ ][ ][ ][ ][ ].

국어 교과서 따라잡기

2학년 2학기 국어 교과서에서
각 단원별로 중요한 어구와 문장을
10개씩 골라 받아쓰기 문제지를 만들었습니다.
101~103쪽에 수록된 받아쓰기 문제를
아이가 잘 받아쓸 수 있도록 한 번은 천천히,
그다음은 정상 속도로 불러 주세요.

1. 장면을 떠올리며

점수 점 / 100점

불러 주는 말을 잘 듣고, 띄어쓰기에 유의하여 받아쓰세요.

❶

❷

❸

❹

❺

❻

❼

❽

❾

❿

2. 인상 깊었던 일을 써요

점수 점 / 100점

불러 주는 말을 잘 듣고, 띄어쓰기에 유의하여 받아쓰세요.

❶

❷

❸

❹

❺

❻

❼

❽

❾

❿

3. 말의 재미를 찾아서

점수 점 / 100점

불러 주는 말을 잘 듣고, 띄어쓰기에 유의하여 받아쓰세요.

❶

❷

❸

❹

❺

❻

❼

❽

❾

❿

4. 인물의 마음을 짐작해요

점수 점 / 100점

불러 주는 말을 잘 듣고, 띄어쓰기에 유의하여 받아쓰세요.

❶

❷

❸

❹

❺

❻

❼

❽

❾

❿

5. 간직하고 싶은 노래

점수 점 / 100점

불러 주는 말을 잘 듣고, 띄어쓰기에 유의하여 받아쓰세요.

❶

❷

❸

❹

❺

❻

❼

❽

❾

❿

6. 자세하게 소개해요

점수 　　　　점 / 100점

불러 주는 말을 잘 듣고, 띄어쓰기에 유의하여 받아쓰세요.

❶

❷

❸

❹

❺

❻

❼

❽

❾

❿

7. 일이 일어난 차례를 살펴요

점수 　　　　점 / 100점

불러 주는 말을 잘 듣고, 띄어쓰기에 유의하여 받아쓰세요.

❶

❷

❸

❹

❺

❻

❼

❽

❾

❿

8. 바르게 말해요

점수 점 / 100점

불러 주는 말을 잘 듣고, 띄어쓰기에 유의하여 받아쓰세요.

❶

❷

❸

❹

❺

❻

❼

❽

❾

❿

9. 주요 내용을 찾아요

점수 점 / 100점

불러 주는 말을 잘 듣고, 띄어쓰기에 유의하여 받아쓰세요.

❶

❷

❸

❹

❺

❻

❼

❽

❾

❿

2학년 2학기 받아쓰기 문제

아이가 잘 받아쓸 수 있도록 한 번은 천천히, 그다음은 정상 속도로 문제를 불러 주세요.
채점을 할 때는 띄어쓰기와 마침표 위치도 꼭 확인하세요.
점선을 따라 잘라 두면 문제를 불러 줄 때, 채점할 때 편리하게 이용할 수 있습니다.

92쪽

1. 강아지풀이래요.
2. 날∨안아∨주는∨들판
3. 새∨떼를∨불러
4. 흥에∨겨워∨넘실넘실
5. 농부∨아저씨
6. 잠깐∨어리둥절했어요.
7. 아이고,∨영감!
8. 이렇게∨재미있는∨이야기
9. 어느∨마을∨앞
10. 빨간∨코∨농부

93쪽

1. 발이∨아파요.
2. 운동화를∨사고∨싶어요.
3. 새∨운동화를∨신어서
4. 빨라진∨것∨같았다.
5. 더욱∨마음에∨들었다.
6. 지난∨토요일에
7. 달력에∨동그라미
8. 생신∨축하드려요.
9. 어머니께서∨기뻐하셨다.
10. 정성이∨담긴∨선물

94쪽

1. 담장∨옆을∨사뿐사뿐
2. 나랑∨눈이∨마주쳤지.
3. 말똥말똥∨나를∨쳐다보았지.
4. 복슬복슬∨부드러운∨털
5. 반짝반짝∨장난스러운∨눈
6. 귀여운∨울음소리
7. 내∨마음이∨콩닥콩닥
8. 서로∨오순도순∨도와주며
9. 열심히∨곡식을∨거두어
10. 깜깜한∨밤이∨되자

95쪽

1. 강아지는∨총총총
2. 우는∨게∨아니에요!
3. 노래하는∨거예요.
4. 울부짖기∨시작했어요.
5. 주인이∨나타났어요.
6. 이제∨제발∨그만해.
7. 눈을∨감고∨누워도
8. 얼굴이∨아른아른
9. 커튼을∨달아∨주었어.
10. 엄마∨머리핀을∨샀어.

점선을 따라 자르세요.

2학년 2학기 받아쓰기 문제

96쪽

1. 보름보름V달밤에
2. 알밤V줍는V다람쥐
3. 알밤인가V하고
4. 솔방울도V줍고
5. 조약돌도V줍고
6. 조그만V옥수수V알갱이
7. 사랑해요.
8. 참V좋은V말
9. 아빠는V나만V보면V자꾸
10. 열V살짜리

97쪽

1. 남자아이입니다.
2. 항상V가지고V다닙니다.
3. 눈썹이V진합니다.
4. 종이접기를V좋아해서
5. 바다로V여행을V떠나요.
6. 친구와V함께
7. 집으로V가요.
8. 의자에V바르게V앉아
9. 그림V그리기V대회
10. 화가가V되는V것

98쪽

1. 새로V이사V온V동물
2. 다리가V여섯V개야.
3. 집에V놀러V갔어요.
4. 잠깐V쉬는V중
5. 안개가V몽실몽실
6. 피어나고V있었지요.
7. 점점V커졌습니다.
8. 아줌마는V밥풀을V뭉쳐
9. 인형을V만들었습니다.
10. 헤헤V웃었어.

99쪽

1. 과일을V좋아합니다.
2. 농구와V축구
3. 규칙이V다릅니다.
4. 틀린V글자가V있습니다.
5. 어제V수학V시간에
6. 문제를V틀렸습니다.
7. 보름달을V가리키셨어.
8. 음식V준비를V했다.
9. 어머니와V대화하기
10. 함부로V쓰지V말자.

2학년 2학기 받아쓰기 문제

100쪽

1. 교실∨바닥에∨쓰레기가
2. 점점∨많아지고∨있다.
3. 깨끗한∨교실∨만들기
4. 쓰레기통에∨버립시다.
5. 학용품에∨이름을∨써서
6. 이를∨치료하셨습니다.
7. 아무리∨작은∨숲이라도
8. 우리∨곁에∨있다면
9. 숲속의∨식물
10. 맑은∨공기를∨만듭니다.

점선을 따라 자르세요.

16~20단계 평가 정답

16단계 사이시옷을 붙이는 글자 1

1. (1)-㉡ (2)-㉢ (3)-㉠ 2. (1) 뒷산 (2) 외갓집 (3) 나뭇가지 3. (1) 깃발 (2) 바닷가 (3) 찻잔 (4) 뒷주머니 (5) 기찻길 (6) 뱃길 (7) 외갓집 (8) 촛불 4. (1) ① (2) ② (3) ① (4) ① (5) ② (6) ① (7) ① (8) ② 5. (1) 깃발 (2) 바닷가 (3) 콧등 (4) 장밋빛 (5) 나뭇가지 (6) 촛불 (7) 찻잔 (8) 전봇대

17단계 사이시옷을 붙이는 글자 2

1. (1)-㉢ (2)-㉠ (3)-㉡ 2. (1) 아랫니 (2) 뒷머리 (3) 베갯잇 3. (1) 빗물 (2) 숫양 (3) 뒷머리 (4) 배춧잎 (5) 콧노래 (6) 뱃일 (7) 나뭇잎 (8) 옛일 4. (1) ② (2) ① (3) ① (4) ② (5) ② (6) ① (7) ① (8) ② 5. (1) 콧날 (2) 콧노래 (3) 옛날 (4) 세숫물 (5) 배춧잎 (6) 윗입술 (7) 아랫입술 (8) 뒷마당, 혼잣말

18단계 자음이 첨가되는 글자

1. (1)-㉠ (2)-㉢ (3)-㉡ 2. (1) 색연필 (2) 식용유 (3) 알약 3. (1) 내복약 (2) 콩엿 (3) 올여름 (4) 꽃잎 (5) 돌이끼 (6) 알약 (7) 담요 (8) 휘발유 4. (1) ① (2) ① (3) ② (4) ② (5) ① (6) ② (7) ② (8) ① 5. (1) 한입 (2) 식용유 (3) 집안일 (4) 눈약, 알약 (5) 한여름 (6) 휘발유 (7) 전철역 (8) 올여름, 별일

19단계 받침이 두 개인 어려운 글자

1. (1)-㉠ (2)-㉢ (3)-㉡ 2. (1) 품삯 (2) 가엾은 (3) 끓고 3. (1) 흙 (2) 여덟 (3) 닭 (4) 몫 (5) 가엾다 (6) 늙다 (7) 값 (8) 앉은키 4. (1) ② (2) ① (3) ① (4) ② (5) ② (6) ① (7) ② (8) ① 5. (1) 값 (2) 늙은, 삶다 (3) 몫, 없다 (4) 귀찮게 (5) 없이, 맑은 (6) 가엾은 (7) 읽기 (8) 괜찮을

20단계 예사말과 높임말

1. (1)-㉢ (2)-㉡ (3)-㉠ 2. (1) 병환 (2) 댁 (3) 주무시고 3. (1) 성함 (2) 생신 (3) 연세 (4) 따님 (5) 오시다 (6) 말씀 (7) 보시다 (8) 아드님 4. (1) ① (2) ② (3) ① (4) ② (5) ① (6) ② (7) ① (8) ② 5. (1) 댁 (2) 말씀 (3) 생신 (4) 잡수세요 (5) 연세 (6) 계십니다 (7) 아드님 (8) 주무십니다

틀린 글자나 문장을 연습해요.

틀린 글자나 문장을 연습해요.

틀린 글자나 문장을 연습해요.

퍼플카우콘텐츠팀 | 재미있고 유익한 어린이 책을 기획하고 만드는 사람들입니다. 기획자, 전문작가, 편집자 등으로 구성되어 '보랏빛소 워크북 시리즈'를 비롯한 아동 교양 실용서를 만들고 있습니다.

이우일 | 어린 시절, 구석진 다락방에서 삼촌과 고모의 외국 잡지를 탐독하며 조용히 만화가의 꿈을 키워 오다 홍익대학교 시각디자인학과에 들어가 그 꿈을 맘껏 펼치기 시작합니다. 신선한 아이디어로 '도널드 닭', '노빈손' 등 재미있는 그림을 그려 사람들을 즐겁게 해주고 있습니다. 지은 책으로는 《우일우화》, 《옥수수빵파랑》, 《좋은 여행》, 《고양이 카프카의 고백》 등이 있습니다. 그림책 작가인 아내 선현경, 딸 은서, 고양이 카프카, 비비와 함께 그림을 그리고 글을 쓰며 살고 있습니다.

장희윤 | 이화여자대학교 사범대학 교육공학과와 국어국문학과를 졸업했고, 연세대학교 교육대학원에서 상담교육을 전공했습니다. 학생이 만드는 '경기꿈의학교-통학버스(통일 품은 학생 버스커)'의 꿈지기 교사이자, 전직 중학교 국어 교사로 10여 년간 사교육과 공교육을 넘나들며 많은 학생에게 국어 및 자기주도적 학습 전략을 지도하는 학습 코칭 크리에이터로 활동하고 있습니다. 네이버 오디오 클립 〈슬기로운 사춘기 생활〉을 운영하고 있으며, 지은 책으로는 《2016 더 배움 국어 검정고시》, 《사춘기 부모 수업》 등이 있습니다.

보랏빛소 워크북 시리즈

초등 입학 전 미리 공부하는

또박또박 한글 떼기 5

초판 1쇄 발행 | 2021년 6월 7일

지은이 | 퍼플카우콘텐츠팀
그린이 | 이우일
감수자 | 장희윤

펴낸곳 | 보랏빛소
펴낸이 | 김철원

책임편집 | 김이슬
마케팅·홍보 | 이태훈
디자인 | 진선미

출판신고 | 2014년 11월 26일 제2015-000327호
주소 | 서울시 마포구 포은로 81-1 에스빌딩 201호
대표전화·팩시밀리 | 070-8668-8802 (F)02-323-8803
이메일 | boracow8800@gmail.com

ISBN 979-11-90867-30-6 (64700)
ISBN 979-11-90867-15-3 (세트)